ROLF KRIESI (HRSG.)

WELCHER WEIN ZU WELCHER SPEISE?

DIE RICHTIGE KOMBINATION MIT DER QUICKBLICK-CARD

W0179528

WEIN UND ESSEN VERMÄHLEN

Ein klassisches Paar

Wer denkt, die raffinierte Vermählung von Wein mit ausgesuchten Speisen sei eine Erfindung unserer Zeit, liegt falsch: Seitdem der Mensch kocht und keltert, tut er dies in Hinblick auf Bekömmlichkeit, Genuss und Gaumenfreude.

Schon die alten Ägypter komponierten Festgelage mit einer stolzen Anzahl von Fleischspeisen, Brotsorten und Weinen. Die Festgelage der Römer sind bis auf den heutigen Tag ein Inbegriff für Luxus und Prasserei. So hat das »lukullische« Mahl seinen Namen von Lucullus, einem römischen Feldherrn, dessen gastronomische Gastmahle im ganzen Römischen Reich berühmt waren.

Die Ärzte des Mittelalters stellten, ausgehend von der Viersäfte-Lehre Hippokrates', lange und ausführliche Diätvorschriften darüber auf, welche Weine im Verbund mit welchen Speisen besonders bekömmlich seien. Wasser galt als feucht, Erde als kalt, Luft als trocken, Feuer als warm. Dem Arzt oblag es, dafür zu sorgen, dass diese Eigenschaften sich beim Patienten im Gleichgewicht befanden. Kalte, feuchte Speisen wie Fisch mussten von kräftigen, warmen, d. h. süßen, starken Weinen begleitet werden. Man setzte also nicht auf Harmonie im Sinne einer Geschmacksverwandschaft (leichte Weine zu leichten Speisen), sondern im Sinne einer Ergänzung (leicht zu schwer). Dennoch haben sich manche dieser mittelalterlichen »Rezepte« in des Wortes medizinischer Bedeutung bis in unsere Zeit erhalten: Klassiker wie Birne in Rotwein gehen direkt auf die hippokratischen Vorschriften zurück: Obst galt als kalt und musste mit warmen, d. h. kräftigen Weinen kombiniert werden.

Frankreich etablierte sich bereits im Jahr 1248 mit der Gründung der ersten Feinschmeckergilde in Paris als Grande Nation der Gourmets. In deutschen Landen dauerte die Entwicklung zu bewusstem Genießertum ein paar Jährchen länger; immerhin war es ein deutscher Autor, der 1838 schrieb: »Wenn man kalten, trockenen Rehbraten isst, wird man deutlich die Forderung nach Rheinwein oder Burgunder in sich verspüren. Aal oder Wildschweinkopf fordert Madeira. Kaviar widerspricht absolut allen süßen Weinen. Austern und Champagner sind sprichwörtlich so unzertrennlich wie Glaube und Hoffnung.«

Über die richtige Weinwahl zum raffinierten Festmahl wurden dicke Wälzer verfasst, ein wahres Gesetzeswerk für gehobene Genüsse ist entstanden, das sich nur mehr Eingeweihten erschließt. Mit dem Resultat, dass manche gestresste Hausfrau vorzeitig das Handtuch wirft ob so viel Theorie und mancher Hobbykoch lieber Bier auftischt als Wein, nur, um sich vor seinen Gästen keine Blöße zu geben.

Dabei ist die erste und wichtigste Instanz für das gekonnte Kombinieren von Speis und Trank schlicht und ergreifend – die Vernunft! Gut ist zunächst einmal, was schmeckt. Ausgehend von dieser einfachen Grundregel darf jeder Genießer, jede Genießerin sich ein eigenes Repertoire an Lieblingskombinationen zusammenstellen, das nach Lust und Laune ergänzt und zum persönlichen Geschmacksimperium ausgebaut werden kann – und mit lieben Gästen geteilt werden soll.

Vertrauen Sie Ihrem Gaumen

Wo keine Wahl, auch keine Qual. Wer tagaus, tag-ein seinen gewohnten Hauswein trinkt, wird sich mit allen Geschmackskombinationen abfinden – manche eher erdulden, an anderen sich erfreuen. Manche werden sich dabei allerdings gelegentlich die Frage stellen, wie es kommt, dass ein bestimmter Wein besser zu einer Speise passt als ein anderer. Solche Wundernasen gehören zu jenen, die das Zeug zum Genießer, zur Genießerin haben. Warum schmeckt zu Forelle blau ein nerviger Riesling besser als ein kerniger Bordeaux? Warum mundet dagegen der rote Bandol aus der Provence hervorragend zu einer in Olivenöl frittierten Rotbarbe, obschon die meistzitierte Regel zum Kombinieren von Speisen und Wein doch besagt, dass weißer Wein zu Fisch und weißem Fleisch, roter Wein zu rotem Fleisch gehöre?

Das sind Fragen der Harmonie, und damit sind wir mitten in der Harmonielehre: Die Komponisten wissen, dass gewisse Töne sich besser vertragen als andere. Im Laufe der Musikgeschichte reduzierten sich die »verbotenen« Tonkombinationen, dafür wurden die Kompositionsregeln immer schwieriger, weil man ja trotz der neuen Freiheiten weder triviale Süßlichkeit noch wirres Durcheinander wollte.Küche und Keller gehorchen ähnlichen Prinzipien. Gewisse Geschmacksrichtungen vertragen sich besser als andere. Um Missklänge zu vermeiden, kann man sich an ein paar Grundregeln halten. Wer sich hingegen nicht einengen lassen will und der Experimentierfreude keinen Riegel vorschieben möchte, kommt nicht umhin, tiefer in die Materie einzutauchen.

Weniger ist meistens mehr

Dem wahren Genießer sind sie ein Greuel: Festgelage, die mit Bauchgrimmen und schlaflosen Nächten enden. Mäßigkeit sei daher des Gastgebers oberstes Gebot. Er soll seine Freunde verwöhnen – und nicht zu Tode kochen und im Wein ersäufen! So genannte Degustationsmenüs mit zehn, zwölf Häppchen und ebenso vielen Weinen, von denen man allerdings nur nippen darf, dürfen wir getrost den Snobs überlassen. Auserlesene Gewächse eröffnen sich häufig erst auf den zweiten, dritten Schluck. Wie schade, wenn dann bereits der nächste Wein aufgetragen wird!

Für den Alltag wird man sich mit ein, zwei Gläsern des gleichen Roten oder Weißen zur ganzen Mahlzeit begnügen. Eine gute Flasche reicht als Begleiterin eines Mahls zu zweit im Restaurant. Einen, höchstens zwei ausgesuchte Weine wähle man fürs traute Tête-à-tête zu Hause: einen Champagner oder Sekt zum Aperitif, der auch zum Fisch munden wird, und einen schönen, reifen, ausgewogenen Roten, der Hauptgang und Käse begleitet. Zum Abschluss reiche man ein erfrischendes Glas Sekt oder Champagner.

Drei, vier verschiedene Weine kommen nur fürs mehrgängige Festmahl auf den Tisch: ein trockener Weißer oder ein Schaumwein als Auftakt (zu Vorspeisen oder zu Fischgerichten), ein leichter, junger Rotwein zum Zwischengang (Geflügel, Pasteten), ein ausgereifter Rotwein zum Hauptgericht (Rinderlende, Braten, Wild) und ein edelsüßer Wein zu Käse und Dessert genügen dem kühnsten Schlemmer: Will er nicht trunken von der Tafel gehen, darf er an den einzelnen Gläsern bloß noch nippen.

Die zehn Gebote
für das Kombinieren von Speisen und Wein

1. Gut ist, was schmeckt und mundet.

2. Leichte Weine passen zu leichten Speisen, kräftige Weine zu kräftigen Gerichten.

3. Kühl servierte Weine – Rosé, ausgewogene trockene oder halbsüße Weiße, Schaumweine und leichte Rotweine – sind am einfachsten zu kombinieren und harmonieren mit den meisten Gerichten.

4. Die Reihenfolge ist fast ebenso wichtig wie die richtige Weinwahl: Man serviere leicht vor schwer, schlank vor vollmundig, trocken vor süß. Weniger ist dabei häufig mehr: ein, zwei Weine pro Menü reichen. Drei, vier Weine kommen nur zum ausgewachsenen Schlemmermahl auf den Tisch.

5. Fisch und Meerfrüchte rufen im Allgemeinen nach säurebetonten, rassigen und erfrischenden Weißweinen.

6. Zu Geflügel, Kalb- und Schweinefleisch passen trockene, halbtrockene und süße Weißweine, leichte junge oder ausgereifte mittelschwere Rotweine.

7. Zu Rind und Wild wähle man kräftige junge oder ausgereifte Rotweine.

8. Zu Suppen, Salaten und Eierspeisen passen Weine nur im Ausnahmefall; Wasser, frische Fruchtsäfte, Apfelwein oder Bier sind hier einfachere Begleiter. Zu Eis reiche man Wasser, zu Zitronensorbet allenfalls einen Schuss Sekt.

9. Gemüse mit starkem Eigengeschmack (Spargel) oder leichter Bitternote (Artischocke) vertragen sich besser mit zurückhaltenden oder lieblichen Weiß-, Rosé- und Rotweinen ohne allzu viel Körper, Gerbstoffe oder Säure.

10. Desserts darf man ruhig ohne Wein servieren. Wer's dennoch nicht lassen kann, wähle Weine wie Port, süßen Sherry oder Madeira zu Süßspeisen mit Schokolade, edelsüße Weißweine (Beerenauslesen, Sauternes, Tokajer) oder süßen Schaumwein zu Desserts mit Früchten. Bitte nicht zu kräftig zuckern: Der Wein sollte stets süßer sein als die Speise. Alle diese Weine munden auch zum vorher gereichten Käse. Trockener Schaumwein ist ein erfrischender Abschluss eines Mahls, sollte aber weder zu Käse noch zu den Desserts aufgetragen werden.

Harmonie und
das Spiel der Gegensätze

Sie wollen das Gängelband griffiger Regeln über
Bord werfen und frisch-fröhlich und frei auf dem
Ozean der Gaumenfreuden segeln. Dabei müssen
Sie allerdings auf ein paar Klippen achten, wollen
Sie nicht Gefahr laufen, bald Schiffbruch zu erlei-
den. Die Klippen, das sind in unserem Falle Aroma-
kombinationen, die auch dem größten Freigeist
zuwider sind.

Zunge und Gaumen unterscheiden vier Grund-
geschmacksrichtungen: süß, salzig, sauer und
bitter. Hinzu kommt ein Eindruck, der mit dem Tast-
sinn der Schleimhäute zu tun hat; man nennt ihn
Adstringenz. Adstringierend empfinden wir eine
unreife Frucht – oder einen zu jungen Bordeaux.
Die Innenseiten der Wangen werden rau, der Mund
bekommt gleichsam eine Gänsehaut. Es sind die
Gerbstoffe oder Tannine, die diese Reaktion hervor-
rufen. Adstringenz ist nah verwandt mit den Empfindungen »sauer« und »bitter«.

Ausgewogen im Geschmack sind ein Wein, eine
Speise oder deren Kombination, wenn diese fünf
Geschmackskomponenten friedlich koexistieren
und sich harmonisch ergänzen.

Ein Gräuel sind Extreme: versalzen, zu bitter oder
unverdaulich-süß. Erfahrung und Fingerspitzen-
gefühl zeigt ein Gastgeber, wenn er sie vermeidet,
wenn es ihm gelingt, den auserwählten Wein und
das dazu servierte Gericht gleichermaßen zur Geltung zu bringen. Ein Chor, in dem die Bässe so laut
brummen, dass die jubelnden Soprane nur mehr als
heiseres Säuseln wahrgenommen werden, braucht
dringend einen neuen Dirigenten und ein Restau-

rant, in dem die liebevoll bereitete, subtil komponierte Spezialität des Hauses von einem Holzfäller von Wein erschlagen wird, dringend einen neuen Weinkellner.

Frisch oder sauer?

Säure ruft nach Säure – und wird durch Süße gemildert. Eine gewisse Säure empfinden wir durchaus als erfrischend und bekömmlich, wie schon der Volksmund weiß: »Sauer macht lustig.« Zur perfekten Harmonie unterstützen wir die Säure der Speise mit der Säure des Weins, wählen etwa zu Sauerkraut einen reschen Riesling. Der Wein soll eine Spur intensiver sein, damit er neben der Speise nicht verblasst. Säure findet sich zum Beispiel auch in Tomaten: Zu südlichen Speisen wie Pizza und Nudeln mit Tomatensauce passt daher ein säurebetonter Chianti, Barbera oder Côtes du Rhône. Allerdings sind dem Gleichklang des Geschmacks Grenzen gesetzt: Ein Wein, der so sauer ist wie Essig, wird als unangenehm und aggressiv empfunden. Zu Salaten mit Essigsauce passt daher kaum ein Wein – es sei denn, dass man mit einem süßeren Tropfen die Säure etwas mildern will. Damit wechselt man vom Prinzip des Geschmacksgleichklangs zu jenem der Geschmacksergänzung.

Sparsam salzen!

Jahrhunderte hindurch war Salz ein äußerst kostbares Gut: Im Mittelalter wurden ganze Imperien auf dem Handel mit Salz aufgebaut. Eigentlich versteht sich schon aus seiner Geschichte, dass Salz nicht eimerweise eingesetzt werden sollte. Salz ist für den Flüssigkeitshaushalt notwendig; die isotonischen Getränke, an denen Sportler sich laben, sind salzhaltig. In größeren Mengen ist Salz der Gesundheit aber nicht zuträglich – es ist für erhöhten Blutdruck mitverantwortlich. Salz wirkt zudem als Geschmacksverstärker: Dezent eingesetzt, bringt es die guten Eigenschaften eines Gerichts und des begleitenden Weins zur Geltung, löffelweise verwendet unterstreicht es dagegen deren schlechte Seiten. Nachsalzen kann man immer; daher lieber etwas zu wenig Salz als zu viel. Kalte Speisen vertragen übrigens mehr Salz als warme. Zu versalzenen Pommes frites oder Salznüsschen passt eher ein eiskaltes Bier oder möglichst geschmacksneutraler Sekt.

Was für Salz gilt, gilt ebenso für exzessiv gewürzte Gerichte wie für brennend scharfe Currys: Das Feuer, das sie im Mund stiften, kann ein Wein kaum löschen. Am besten neutralisieren die dazu gereichten Fladenbrote und weißer Reis, klassische Getränke sind Tee oder das indische Jogurt-Buttermilchgetränk Lassi, Bier oder Wasser, auch wenn ein Sauvignon blanc aus Neuseeland sich dank seiner spitzen Säure durchaus gegen Curry zu behaupten vermag.

Achtung, bitter!

Bitter ist die heikelste Geschmacksrichtung. Bitterstoffe summieren und potenzieren sich. Bittere Gerichte vertragen sich schlecht mit bitteren Weinen. Bitterkeit im Wein kommt von Gerbstoffen (Tanninen), wie sie vor allem in großen, kräftigen, jungen oder noch nicht voll ausgereiften Rotweinen enthalten sind. Solche Weine passen schlecht zu Speisen wie über Holzkohle gegrilltem Fleisch oder Gemüse wie Artischocke oder Schikoree.

Bitterkeit in Speisen lässt sich am ehesten durch eine Spur Süße im Wein etwas mildern, Salz dagegen verstärkt den bitteren Geschmack noch.

Auch Säure ist meist schlecht damit in Einklang zu bringen – das Ergebnis ist eine raue, pelzige oder unangenehm trockene Zunge. Zu Gerichten mit Tomate oder Zitrone passen deshalb keine gerbstoffgeprägten Weine.

Süß, nicht schwer

Süß ist nicht gleich süß. Weine aus besonders zuckerreichen Trauben werden halbsüß oder süß ausgebaut – das heißt, nicht aller Zucker verwandelt sich bei der Gärung in Alkohol, ein Teil bleibt als so genannte Restsüße erhalten.

Als süß empfinden wir aber auch den Alkohol, der dem Wein Fülle und Rundung, oder, wie die Weinsprache dies verbildlicht, seinen »Körper« gibt. Mit alkoholreichen, vollmundigen, weder bitteren noch sauren Weinen kann man kräftige Speisen abrunden und besser zur Geltung bringen (Braten, in Weinsaucen gekocht, Kräftiges vom Wild) oder Saucen, die mit leicht süßen Weinen zubereitet wurden (Portwein, süßer Sherry, Madeira).

Zu viel an Süße wird jedoch als unverdaulich und schwer empfunden. Man vermeide es daher, ausgesprochen gehaltvolle, fettreiche Speisen (Schweinebraten, gekochten Schinken oder Ähnliches) mit betont körperreichen, schweren Weinen zu paaren.

Das Spiel mit den Aromen

Den Geschmack nimmt man im Mund wahr, die Aromen – auch die einer Speise im Mund – mit der Nase. Wenn man sich die Nase zuhält, kann man von einer Speise gerade noch angeben, ob sie süß oder sauer, bitter oder salzig schmeckt, für alle anderen Empfindungen ist der Gaumen ohne Mithilfe der Nase wie taub.

Welche Aromen wir als unerträglich empfinden, ist individuell verschieden und hängt von Faktoren wie Gewöhnung, kultureller Herkunft oder Erziehung ab. Einige aber werden von einer Mehrzahl von Menschen abgelehnt: Dazu gehören extreme Fäulnis- oder Gäraromen (überreifer Käse), die entstehen können, wenn man Weine, deren Bukett nach Sauerteig, frischem Brot oder Hefe riecht, mit Speisen mit ähnlichen Aromen kombiniert: junge Rotweine mit überreifem Käse oder verkochtem Kohl etwa.

Ebenso unangenehm sind chemische, seifige und metallische Aromen. Einen metallischen Geschmack im Mund hinterlassen stark eiweißhaltige Speisen wie Fisch oder Eierspeisen, aber auch gekochter und geräucherter Schinken oder Lachs, wenn man sie mit stark tanninhaltigen Weinen serviert. Daher stammt die Regel: weiße Weine zu Fisch und weißem Fleisch, rote Weine zu rotem Fleisch.

Doch auch diese Regel kennt eine ganze Anzahl Ausnahmen: Serviert man etwa pochierte Eier in Rotweinsauce (Œufs en Meurette, eine Burgunder Spezialität), passen sie plötzlich hervorragend zu gehaltvollen Rotweinen! Dasselbe gilt für Meeresfisch, den man in Rotweinsauce kocht.

Beantworten wir an dieser Stelle auch die eingangs gestellte Frage, warum roter Bandol, der doch säure- und tanninreich ist, dennoch hervorragend zu in Olivenöl gebratenen Rotbarben-Filets passt: dem Bandol, der in Südfrankreich über den Ufern des Mittelmeers wächst, ist eine Note von Salz und Jod eigen, die sich ausgezeichnet mit dem Aroma der Rotbarbe verträgt; Letztere wiederum entwickeln, kross gebraten, eine Geschmacksnote, die an ausgebackenen Speck erinnert; Fisch, Öl und Wein ergänzen sich daher zu einer einzigen, raffinierten Genießersymphonie – ein kleines, aber treffendes Beispiel für die geheimnisvolle Alchimie der Natur und guter Küche, die zu erkennen und richtig zu interpretieren uns erst die grenzenlose Freiheit des Genießens garantiert.

Das Kreuz mit dem Käse

Die einen lieben sie heiß, die anderen verwerfen sie in Bausch und Bogen: die Kombination von scharfem, reifem Käse und großem, tanninhaltigem Rotwein. Merken Sie sich daher: Wenn Sie am Ende eines Diners einen großen, alten Bordeaux zum Käse trinken wollen, wählen Sie Käse mit dezentem, aber nicht fadem Geschmack: Emmentaler, Greyerzer, Schafskäse aus den Pyrenäen, spanischen Manchego, nicht zu würzigen Ziegenkäse. Wenn Sie aber umgekehrt zu einer vielseitigen Käseplatte einen passenden Wein wählen wollen, entscheiden Sie sich lieber für ein weißes Gewächs, ob trocken oder edelsüß.

Auch Portwein passt hervorragend zu den meisten Käsesorten. Und ein Gedicht zu manchen Käsesorten, serviert mit Nüssen und Birne, sind Weine aus der Muskatellertraube!

Welche Speisen zu welchem Wein?

1. Fruchtige, blumige Weiße mit wacher Säure

Trockene, junge Rieslinge und Silvaner; einfache weiße Burgunder (Macon oder Chablis); junge Loire-Weine (Sancerre oder Pouilly fumé), Prosecco.
Dazu: Süßwasserfisch, Forelle blau, Meeresfrüchte, Muscheln, Austern, Gans, Brathähnchen, Gebratenes vom Schwein.

2. Würzige, aromatische Weißweine

Grauburgunder, Gewürztraminer, Muskateller, vollreifer Riesling, gehaltvolle Chardonnays mit Fassausbau, reifer Champagner, vollmundige Silvaner.
Dazu: Nüsse, Pasteten im Teig, kaltes Geflügel, Eierspeisen/Omelette, Innereien mit Sauce, Kalbfleisch, asiatische Küche, Kutteln/Kaldaunen.

3. Charaktervolle, vollmundige, reife Weißweine

Weißer Burgunder, weiße Graves, hochklassiger Chardonnay und Sauvignon, die besten Sancerres, Pouilly fumés und Chablis; große, reife Riesling-Auslesen.
Dazu: Fisch- und Geflügelgerichte; Hummer, Riesencrevetten, Jakobsmuscheln; die besten Meeresfische (Seezunge, Seeteufel, Meerwolf); Hühnerfrikassee, Perlhuhn, Ente, Truthahn, Taube; Kalbsfilet, Kalbskotelett, Kalbsleber und -nierchen, Schweinsfilet.

4. Halbtrockene bis edelsüße Weißweine

Deutsche Spätlesen, Trockenbeerenauslesen, Eisweine; »Vendanges tardives« aus dem Elsass; Sauternes; italienischer Vin santo oder Passito; Tokajer.
zu halbtrockenen Weinen: Weinbergschnecken, Geflügel und Fischgerichte mit Rahmsaucen, Schweinsfilet mit Früchten oder Honig;
zu edelsüßen Weinen: Gänseleberterrine (Foie gras); Blauschimmelkäse, rezente Ziegenkäse; Süßspeisen wie Aprikosen-, Birnen- oder Apfelkuchen, Tarte tatin.

5. Herbe, trockene Rosé-Weine

Deutscher Weißherbst, Clairet aus Bordeaux, Rosé d'Anjou (Loire), Rosés aus der Provence, aus Spanien oder Italien; Œil-de-Perdrix aus der Schweiz.
Dazu: Pikante Vorspeisen mit Gemüse, Oliven; Eierspeisen, Soufflees/Aufläufe; Bouillabaisse; nordafrikanische Küche, Picknicks und Grilladen im Freien, rezente Eintöpfe wie Chili con Carne, auch Currys.

6. Fruchtige, säurebetonte Rotweine

Einfache Chianti, Dolcetto, Barbera oder Valpolicella aus Italien; Beaujolais, rote Loire-Weine; Côtes-du-Rhône aus Frankreich; Rioja Crianza, Navarra aus Spanien; junge deutsche Rotweine; Schweizer Landweine.
Dazu: Oliven, belegte Brote, Wurstwaren, Pasteten, Terrinen, kalte Fleischplatten, kaltes oder gegrilltes Geflügel, gekochter Schinken, Schweinefilet, Teigwaren, Pizza, Fisch an Rotweinsauce.

7. Vollmundige, gerbstoffhaltige, gereifte Rotweine

Bordeaux-Weine (Saint-Emilion, Graves und Haut-Médoc), Burgunder, Syrah-Weine der nördlichen Côtes-du-Rhône; Barbera, Barbaresco, Chianti classico, Vino nobile di Montepulciano; Rioja Reserva, Ribera del Duero.
Dazu: Fleischgerichte der klassischen Küche: Lamm, Kalb, Rind, Huhn, Perlhuhn, Taube, Federwild, dezentes, nicht zu kräftiges Wild (Reh); nicht zu rezente Hartkäse (Emmentaler).

8. Schwere, gehaltvolle Rotweine

Die Grands Crus von Bordeaux, große Burgunder, Châteauneuf-du-Pape; Barolo, Brunello di Montalcino, Amarone; Rioja Gran Reserva, Priorato, Ribera del Duero; Cabernet Sauvignon aus Übersee (Kalifornien, Chile, Australien, Südafrika)
Dazu: Rind (Lende, T-Bone-Steak, Roastbeef); Lammkeule; Wild (Reh, Hirsch, Wildschwein, Hase, alles auch in kräftigen Saucen); Hähnchen in Rotwein, Hartkäse, Nüsse.

»Wein ist fast immer das beste Getränk,
und sei es nur, weil es so viele verschiedene
Weinsorten gibt, unter denen man wählen kann.«
Stephen Brook

Die wichtigsten Weißwein-Rebsorten

....

Chardonnay

In den vergangenen zwanzig Jahren hatte diese tra-
ditionelle Burgunder Rebsorte eine wahre Traum-
karriere und ist heute auf der ganzen Welt eine der
beliebtesten und am weitesten verbreiteten – keine
Weinregion, die nicht ihren Chardonnay anbaut.
Den größten Erfolg hatte Chardonnay in der so
genannten Neuen Welt, in Kalifornien, Chile, Südafrika, Australien und Neuseeland, wo sie gern in
kleinen Eichenfässern, den so genannten »Barri-
ques« ausgebaut wird und eine weiche Vanille-
oder Karamellnote erhält. Seine Bekanntheit ver-
dankt Chardonnay der Entscheidung dieser jungen
Weinländer, die Sorte auf dem Etikett anzugeben.
Heute ziehen Italien, Deutschland und Osteuropa
nach. Seit eh und je besteht Champagner in der
Regel mehr als zur Hälfte aus Chardonnay, der
»Blanc de blancs« ist sogar reinsortig. Der Erfolg
und die etwas gleichförmige Qualität hat auch
seine Schattenseiten: Bereits beginnt sich weltweit
unter Weinfreunden eine so genannte »**ABC**-Bewe-
gung« zu formieren: **A**lles, **b**loß kein **C**hardonnay!

Chenin blanc

Die klassische Rebsorte der Loire ergibt die Weine
Vouvray und Saumur. Sie ist sehr vielseitig, wird
trocken, mit Restsüße oder schäumend ausgebaut.

Ihren Höhepunkt erreicht Chenin blanc in der Lage
Coulée de Serrant; außerhalb Frankreichs wird sie
vor allem in Südafrika, manchmal unter dem Namen Steen, angebaut.

Gewürztraminer

Mit ihrem intensiven Rosen- und Litschiduft ist diese Sorte wahrhaft unverwechselbar. Spät gelesen,
ergibt sie goldgelbe, großartige, körperreiche Weine von trocken bis edelsüß. Ihre Heimat wird in
Südtirol vermutet, dort gibt es ein Dorf namens
Tramin. Im Elsass und in Deutschland werden die
schönsten Gewürztraminer gekeltert.

Grüner Veltliner

Die beliebte österreichische Sorte hat außer dem
Namen nichts mit dem norditalienischen Tal Veltlin
gemeinsam. Sie ergibt im Weinviertel, im Kremstal
und in der Wachau leichte, spritzige Weine mit dem
charakteristischen, würzigen »Pfefferl«.

Gutedel (Dorin, Chasselas)

Gutedel heißt die Sorte im badischen Markgräfler-
land, Chasselas oder Dorin in der Westschweiz, wo
sie die klassische Weißweintraube schlechthin ist.
Im Wallis wird aus ihr der Fendant gekeltert.

Kerner

Die Neuzüchtung der Weinbauschule Geisenheim
ist eine Kreuzung von Riesling und Trollinger. Sie
ergibt einen fruchtigen, sehr würzigen Wein mit
guter Säure – weniger markant als Riesling, aber
spritziger als Müller-Thurgau.

Müller-Thurgau
(Riesling x Silvaner)

Ihren Namen hat die in Deutschland und der Ostschweiz am häufigsten angebaute Sorte vom Vater: dem Schweizer Hermann Müller aus dem Kanton Thurgau, der sie 1882 in Geisenheim kreuzte, um die Rasse von Riesling mit der Verlässlichkeit und frühen Reife von Silvaner zu vereinen, wie er glaubte. Nach neuesten Erkenntnissen gilt sie jedoch als Züchtung aus Riesling und Gutedel. Sie ergibt einfache, manchmal etwas harmlose, duftige Weine mit einem leichten Muskatton.

Muskateller (Moscato, Moscadel, Muscat)

Der hocharomatische Gelbe Muskateller (Muscat blanc à petits grains) ist eine der ältesten Sorten überhaupt. Schon die Griechen, spätestens aber die Römer bauten sie an der französischen Mittelmeerküste an. Sie ist wegen ihres charakteristisch traubigen Aromas bis heute bekannt und beliebt. Achtung: Die Sorte Muscadelle und der Wein Muscadet haben mit Muskateller nichts zu tun!

Palomino

Die große Sherry-Traube wächst auf den Kreideböden um Jerez. Sie ergibt säurearmen Wein, der leicht zur Oxidation neigt, was sie zur Herstellung von Sherry geradezu prädestiniert.

Pinot gris
(Grauburgunder, Ruländer, Tokay)

Die Sorte ergibt im Elsass und in Deutschland gehaltvolle Weine, oft halbtrocken. Die italienische

Version ist nicht besonders ausdrucksstark oder sortentypisch. Im Elsass wird sie auch Tokay genannt, in Norditalien Tocai, hat aber mit ungarischem Tokajer überhaupt nichts zu tun!

Riesling

Fachleute sind sich einig: Dieser Sorte gebührt die Krone als großartigster, vielseitigster weißer Traube, obwohl sie heute im Schatten der Modesorte Chardonnay steht: Riesling ergibt in Deutschland und im Elsass Weine von knochentrocken bis edelsüß, die dank der charakteristischen kernigen Säure niemals langweilen. Schon nach kurzer Zeit entwickeln sie in der Flasche ein typisches, von Kennern geschätztes »Petrol«-Bukett.

Sauvignon blanc

Die Sorte mit dem typischen Stachelbeeren-Aroma stammt vermutlich aus Bordeaux, wo sie heute die am häufigsten angebaute weiße Sorte ist. An der Loire werden Sancerre und Pouilly fumé daraus gekeltert. Neben Chardonnay ist sie der zweite französische »Sorten-Exportschlager« – außer in Osteuropa wird sie in Kalifornien, Chile, Südafrika, Australien und Neuseeland angebaut. Neuseeländischer Sauvignon ist der herbste; er vermag sogar scharfen asiatische Gerichten standzuhalten. Probieren Sie es aus!

Scheurebe

Auch diese Züchtung ist nach ihrem Vater benannt: Dr. Georg Scheu, der 1916 in Alzey erfolgreich Silvaner und Riesling kreuzte. An guten Lagen ergibt sie zarte, bouquetbetonte Weine mit charakteristischem Cassis-Duft.

Sémillon

Auch Sémillon stammt aus dem Gebiet von Bordeaux. Die Sorte neigt wegen ihrer dünnen Beerenschalen zur Edelfäule (Botrytis cinerea) und ergibt im Verschnitt mit Sauvignon blanc den berühmten edelsüßen Sauternes. Chile und Australien sind die Länder der Neuen Welt, die am meisten Sémillon anbauen.

Silvaner (Sylvaner, Johannisberg)

In Franken läuft diese sonst unauffällige, ertragreiche Sorte zur Hochform auf und ergibt, wenn sie genügend zurückgeschnitten wird, volle, zartfruchtige, markante Weine.

Viognier

Diese alte Sorte stammt aus dem Rhonetal, wo sie körperreiche, langlebige Weißweine ergibt. Seit einem Jahrzehnt wird sie zunehmend auch in Italien und Kalifornien angebaut und reinsortig gekeltert.

Die wichtigsten Rotwein-Rebsorten

Cabernet Sauvignon

Heute wird die Sorte buchstäblich in aller Welt geschätzt und angebaut. Ihre Heimat ist Bordeaux, hier galt sie schon vor mehr als zweihundert Jahren als die »Traube ohne Makel«. Das ist sie heute noch überall, wenn sie im Ertrag eingeschränkt wird, doch ein unreifer Cabernet ist kein Vergnügen und auch junger, guter Cabernet läßt seine Qualität in der Jugend nicht klar erkennen. Die Weine sind oft hart, gerbstoffbetont und abweisend; erst mit den Jahren entfalten sie ihre Klasse. Bei den großen Bordeaux ist Cabernet Sauvignon der bewährte Partner für den weicheren, eleganteren Merlot.

Cabernet franc

Die Sorte steht im Schatten der berühmteren Schwester. Sie ergibt hellere, leichtere, weniger tanninhaltige Weine mit Himbeer- und Zedernholzduft und wird in Frankreich in St-Emilion und an der Loire angebaut.

Cinsault, Cinsaut

Die Sorte wird in Südfrankreich, Korsika und in Nordafrika (Algerien, Marokko) angebaut, aber fast nie reinsortig gekeltert, sondern oft mit Mourvèdre oder Grenache verschnitten. Mit ihrem an Lack erinnernden Aroma sorgt sie für Duft und Frucht. Auch zur Kelterung von Roséwein geeignet.

Corvina

Wird in Nordostitalien im Gebiet des Gardasees angebaut und ergibt einerseits leichte, fruchtige Rotweine mit typischer Mandelnote wie Valpolicella oder Bardolino – anderseits aus getrockneten Beeren den tiefdunklen, schweren, hochkonzentrierten Amarone.

Gamay
Die klassische Beaujolais-Traube ist immer in Eile: Sie treibt früh aus, blüht früh und reift früh. Auch bei der Kelterung geht alles sehr rasch, der Beaujolais Nouveau kommt am 15. November, bereits wenige Wochen nach der Lese, auf den Markt, und länger als zwei, drei Jahre sollte ein einfacher Beaujolais nicht im Keller liegen. Die Weine, die man aus Gamay keltert, sollten kühl getrunken werden. Sie bestechen durch frisches Hellrot mit deutlichen Violettönen; in der Nase erinnern sie an Erdbeere und Bananen; am Gaumen sind sie frisch und fruchtig und enthalten wenig Tannin.

Grenache (Garnacha, Cannonau)
Grenache ist die Basissorte des Châteauneuf-du-Pape. Sie wird generell hauptsächlich zu Verschnitten (in Spanien als Garnacha mit Tempranillo) gebraucht und fast nur in Sardinien (als Cannonau) sortenrein gekeltert. Helles bis dunkles Rot; rustikaler Wein, oft mit mehr als einer Spur Süße.

Lagrein
Klassische Südtiroler Sorte. Kann bei strikter Ertragsbegrenzung charaktervollen, samtigen Rotwein (Lagrein dunkel) sowie duftigen Rosé (Lagrein Kretzer) ergeben.

Merlot
Ergibt sortenrein gekeltert füllige, fruchtige, üppige, pflaumenwürzige Weine. Berühmtestes Beispiel:

Pétrus in Pomerol, einer der allerteuersten Rotweine der Welt. In Bordeaux klassischer Verschnittpartner der strengeren Cabernet Sauvignon und Cabernet Franc.

Mourvèdre (Monastrell, Mataro)

Die ursprünglich spanische Sorte Monastrell erlebt heute in der Provence als Mourvèdre eine Renaissance. Ihre dickschaligen Beeren ergeben im Duft an Brombeeren erinnernde, schwere und tanninreiche Weine.

Nebbiolo

Die anspruchsvolle Sorte wird in Norditalien (Piemont, Veltlin) angebaut und ergibt Barolo, Barbaresco und Veltliner: langlebige Weine mit Kirschennote, Röstaromen; kräftig im Geschmack, mit hohem Tannin- und Säuregehalt und manchmal leichter Bitternote.

Pinot noir (Blauburgunder, Spätburgunder)

Die weltweit verbreitete Sorte war in ihrer Heimat Burgund schon vor mehr als 1500 Jahren bekannt, heute wird sie in allen Kontinenten angebaut. Besonders wichtig für die Qualität ist das Klonenmaterial; die reichtragenden Varianten liefern nicht den besseren Wein.

Die besten deutschen Spätburgunder wachsen in der Pfalz und im Rheingau, in Baden und am Main; in der Schweiz ist das Wallis bekannt für seinen Pinot noir und Dôle (min. 51 % Pinot noir, Rest Gamay), die Ostschweiz für ihren Blauburgunder oder Klevner. Ein gelungener Burgunder präsentiert sich samtig, weich und elegant auf der Zunge.

Pinotage
Südafrikas Beitrag zu den großen Rotwein-Rebsorten der Welt: Die Kreuzung aus Pinot noir und Cinsaut (am Kap »Hermitage« genannt) stammt aus dem Jahr 1925. Die dunkelroten Weine erinnern in der Nase deutlich an Lack; der hohe Säure- und Zuckergehalt der Trauben gibt den Weinen große Fülle und ausdrucksreiche Frucht.

Sangiovese (Sangioveto Grosso)
Wird in der Toskana angebaut. Die Hauptsorte für Chianti ergibt sortenrein gekeltert konzentriertere, teerige Weine, die an Nebbiolo erinnern. Einer der berühmtesten ist Brunello di Montalcino.

Syrah (Shiraz, Hermitage)
Ob die edle Sorte ihren Stammbaum tatsächlich über Jahrtausende bis in die Stadt Shiraz in Persien zurückverfolgen kann, ist ungewiss. Sicher ist jedoch, das sie daran ist, vom Rhonetal aus Ableger in der ganzen Welt zu bilden: So ist sie unter dem Namen Shiraz die häufigste Sorte in Australien neben Cabernet Sauvignon. Dunkelpurpurrot, pfeffrig und mineralisch in der Nase, Aroma von Johannisbeeren, adstringierend und rauchig im Geschmack.

Tempranillo
Spaniens Antwort auf Cabernet Sauvignon hat viele Namen: Je nach Gegend heißt sie auch Cencibel, Ull de Llebre, Tinta Roriz, Tinta Aragonez. Die früh reifenden, dickschaligen Beeren ergeben dunkle,

langlebige Weine mit Tabak- und Gewürznoten. Der bekannteste Wein ist Rioja – eine Assemblage von Tempranillo und Garnacha.

Trollinger (Vernatsch)

Die Sorte stammt wohl aus Südtirol, ihr Name lässt sich von »Tirolinger« ableiten. Allerdings heißt sie dort Vernatsch (auf italienisch Schiava), ist die häufigste Rotweinrebe und wird zu Weinen wie Kalterersee oder St. Magdalener gekeltert.
In Deutschland schätzen ihn die Württemberger, für die er auch große wirtschaftliche Bedeutung hat. Der Trollinger ist ein gefälliger Wein mit einer leichten Bitternote und meist ein paar Gramm Restzucker.

Touriga Nacional

Die kleinbeerige Sorte ist die edelste Portugals und bildet die Basis aller guten Portweine. Sie ergibt dunkle, tanninreiche, hochkonzentrierte, geschmacksintensive Weine; der bekannteste ist der Dão.

Zinfandel

Was für Südafrika Pinotage, ist für Kalifornien Zinfandel: der eigenständige Beitrag zu den großen Rotwein-Rebsorten der Welt. Aus dieser Traube können ganz unterschiedliche Weine gekeltert werden. White Zinfandel ist ein süßer, blasser Wein; der typische und charaktervollste Wein aber ist von tief purpurroter Farbe, mit Johannisbeer-Nase und würzigem Brombeergeschmack.

So funktioniert die QuickBlick-Card

Um Ihnen, liebe Leserinnen und Leser, das Spiel der Kombination von Wein und Essen noch näher zu bringen, haben wir einen praktischen Schieber für Sie entwickelt. Dieser »Taschen-Weinkellner« schlägt Ihnen zu 25 ausgewählten Gerichten im Handumdrehen passende Rot-, bzw. Weißweine vor. Und zu einem bestimmten Wein zeigt er Ihnen das passende Gericht.

Beispiel 1: Welcher Wein passt zu Forelle blau? Ziehen Sie den Schieber nach rechts, bis im rautenförmigen Sichtfenster unten die Zahl 7 erscheint; als passende Weine sehen Sie Punkte bei den Weinen Riesling, Müller-Thurgau und Silvaner.

Beispiel 2: Welches Gericht passt zum Muskateller? Ziehen Sie den Schieber so lange nach rechts oder links, bis neben dem Muskateller ein Punkt erscheint. Im rautenförmigen Sichtfenster sehen Sie die Zahl 13. Muskateller passt also hervorragend zu Käse.

INHALT